Brûlures

Pascal Fabrice

Brûlures

Recueil

LE LYS BLEU
EDITIONS

ISBN : 979-10-377-4674-0

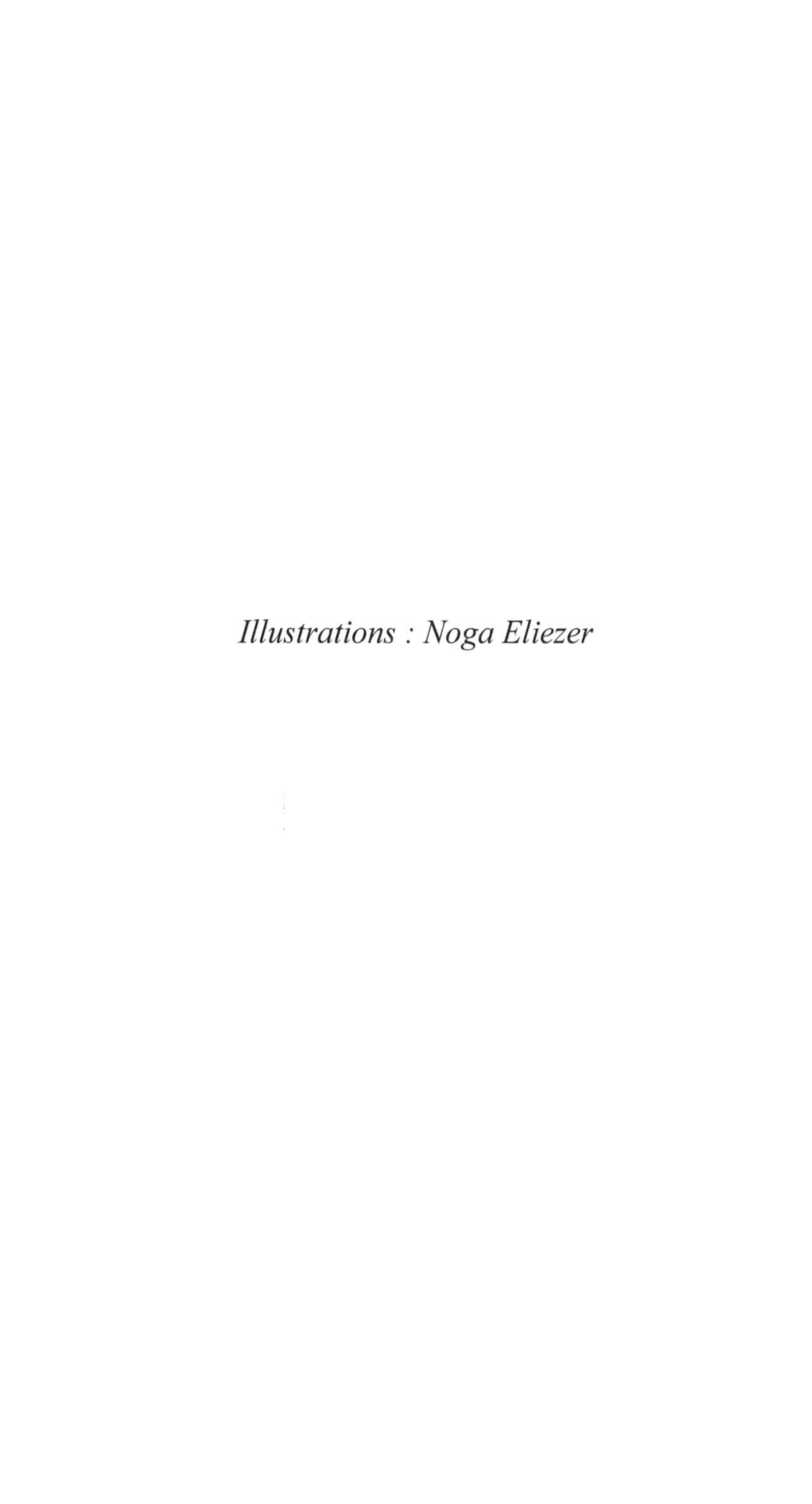

Illustrations : Noga Eliezer

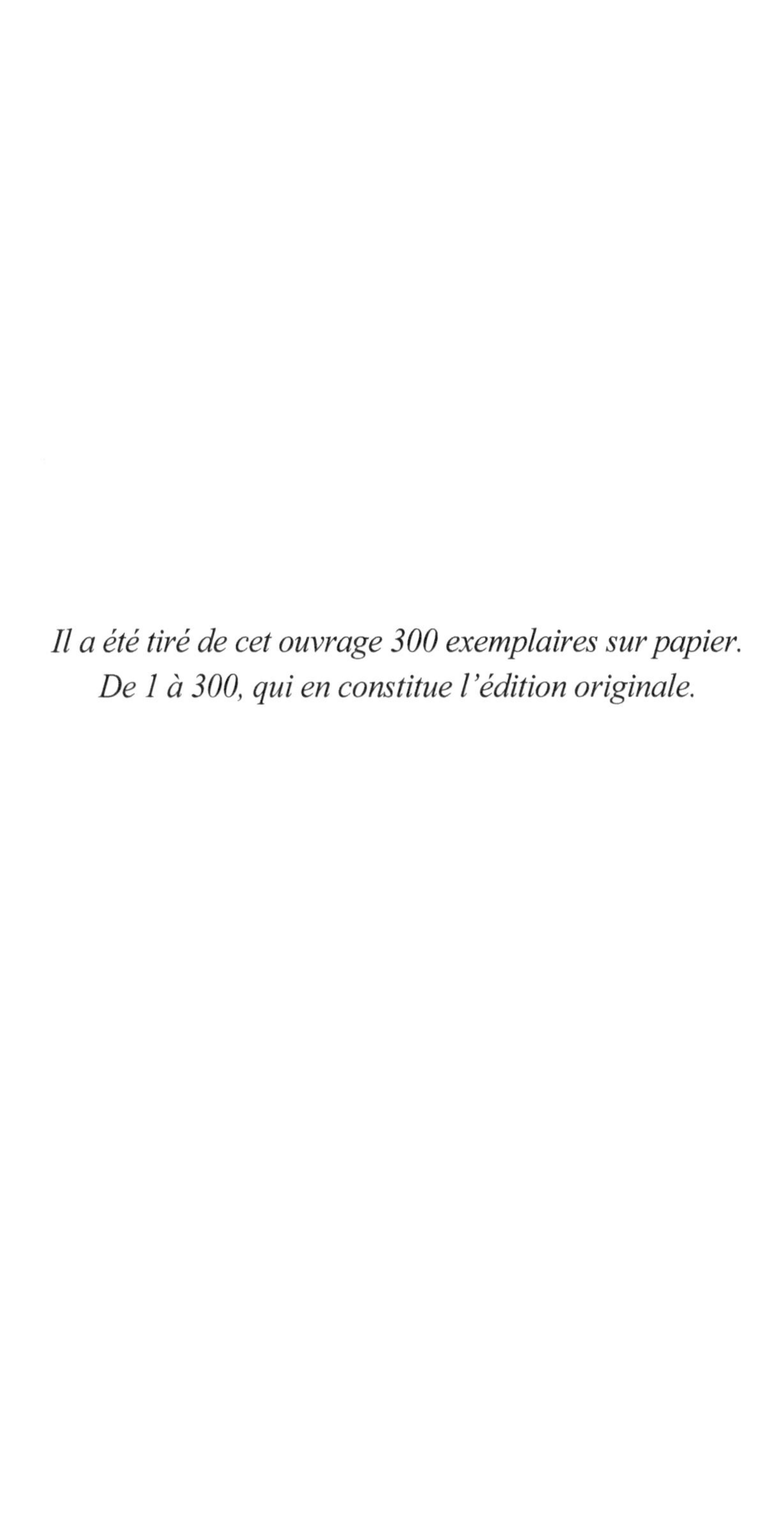

Il a été tiré de cet ouvrage 300 exemplaires sur papier.
De 1 à 300, qui en constitue l'édition originale.

Brûlures de nos envies
Aux palmiers qui rougeoient
Des lunes argentées
Dans nos regards plaintifs
Nos pensées
Ballottées par les flots déchaînés
De nos larmes acides
N'ont plus le temps de vivre
Trop vite arrive le temps
Trop de choses à la fois
Qui soufflent dans le vent
Pas le temps
De guetter
De voir
Devant
Derrière
De réfléchir
D'assumer nos désirs
On tourne
À l'infini
Sans rien
Attendre de rien
Sans être malheureux

On voudrait tant courir
Et vivre enfin heureux

P. F., le 01/01/2013

Brûlures
De l'hiver
Du froid polaire cassant
De l'acier recouvert
D'innombrables objets que l'on brûle à l'encan
Qui volent au soleil quand l'ombre se déchire
Et que le vent maudit éparpille nos idées
On se souvient des choses qui font plaisir à voir
Qui nous font mal
Au ventre
Relents de ce que
L'on savait
Avant
Pour le dire gentiment

Ferme ta gueule avant que
Je t'explose
Ordure
Injures
Qui n'ont pas cours
Et n'arrivent pas à combler
L'anarchie
Y en a marre de cette intensité

Qu'on n'arrive pas à comprendre
Les yeux exorbités dans les lacs rageurs
De nos divinités

P. F., le 22/02/2013

Le long
De nos nerfs enflammés
Gonflés
D'idées absurdes et de restes d'automne
Qui se désagrègent au ralenti et dorment trop longtemps
Quand le blizzard souffle et transforme nos vies
En un champ de bataille
Ressens le manque d'abandon furtif dans le noir absolu
L'envie brûlant du désespoir

Le long des nerfs rougis d'atroces sensations
Boursouflés de douleurs et prêt à exploser
Quand la rage de nos mains forme un cœur gros comme ça
Et nos larmes séchées sur nos joues déchirées
Dans nos yeux asséchaient exsangues
Engourdis de bonheur et d'orages malfaisants
Quand nos doutes s'emparent de notre mélopée
Et que la nuit qui craque s'empare de nos doutes

Nos cris de rage de nos visages rougis
Enfle la dureté de nos déchaînements
La hargne expurgée de nos colères lourdes
Dans un nuage de sang qui gicle sur le monde

P. F., le 24/02/2013

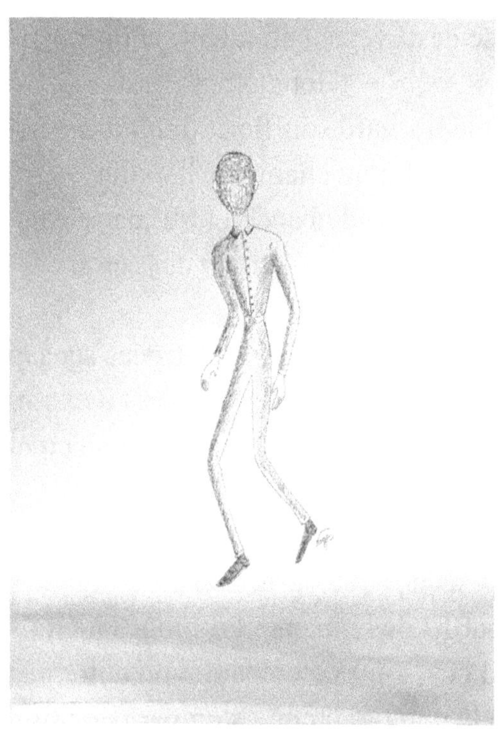

J'erre dans les rues
À l'affût
Des faubourgs
Des avenus sans fin
Du temps qui se dissout
Comme un bruit silencieux

J'erre dans l'inconnu
Dans un couloir
Sans murs
Pour partir en voyage
Dans des terres incertaines

J'erre dans ma mémoire
Sillons de mon cerveau
Qui cache l'inconnu
Et se perd dans la brume

J'ai peur des nuits perdues
Où dans l'ombre des nerfs
Bouillonne une atmosphère
De sulfures étranges
Qu'enflamment nos pensées
Gesticulent dans le vide aux formes adéquates

Je reste pétrifié comme l'ambre
Transparente
De nos fièvres ancestrales
Labyrinthe de nos vies
Errantes

De nos destins perdus
Je ne suis plus moi-même

P. F., le 07/03/2013

Garde tes souvenirs pour
Toi
Secrètement
Ne les expose pas au soleil brûlant
Prends garde à la moindre étincelle
D'une flamme qui jaillit
Écarlate

De notre âme qui brûle
Incandescente chose de la lave qui gonfle
Et rougeoie de plaisir dans des cloques sonores
Clapotis qui grésillent

Enferme tes idées
Donne à chacun le choix
Fomente la révolte
Dans la chaleur de nos montées d'adrénaline
Fustige les feux qui hantent nos mémoires
Astique l'aurore qui brille comme un brûlot
Que tous se lèvent pour décider du lendemain

Et ce que tu veux
Être
Doit être fait maintenant
Ta force phénoménale et l'aube incandescente
Anéantiront tes doutes de demain

Donne-moi ta
Main
Et souffle la bougie
Dont la flamme vacillante et l'éclat de tes yeux
S'agitent au vent d'hiver
Goulot d'une bouteille à l'odeur d'alcool
Frémis de froid quand l'aube atteint l'aurore
Éternue de plaisir

P. F., le 10/03/2013

Je veux te voir
Quand je ne serai plus
Pleurant
Sur ma tombe
Salie
Me parlant
Et oubliant
Tout
Touchant
D'une main
Tremblante
La pierre
Froide
Ne sachant
Plus très bien
Me demander
Pardon
Mais sache
Que

Je

T'ai

Toujours

Aimé

Et

T'aimerai

Toujours

P. F., le 19/03/2013

Ah oui
C'est vrai
Pendant que tu te débats dans tes problèmes et tes jérémiades
Nous on n'a pas de vie
On ne fait rien
On attend
On est bon qu'à attendre
Sans fin
Sur un trottoir sale
On n'a pas de problèmes

Toi avec les problèmes de ta progéniture
Nous on n'a peut-être pas connu ces joies et ces peines
Et nous étions jeunes et beaux et amoureux et travailleurs
Et nous avions des affres et des tourments et des conciliabules
Et maintenant
Nous n'existons plus
Crois-tu
Mais nous avons une âme et pensons bougrement
Nous n'avons plus que ça à faire
Crois-tu
Mais non

Nous avons des gestes et des envies d'amour et nos progénitures
Nous causent des tourments

P. F., le 26/03/2013

Quand sur mon tombeau
Tu viendras

Ta main tremblante
Touchera

La pierre froide
Te fera

Comme un contagieux courant d'air
Te parcourra

Tu pourras penser
Ce que tu voudras

Mais je ne serai plus là

P. F., le 08/04/2013

Gouttes de pluie
Scintilleront

D'un souvenir
S'ouvriront

Les perles de larmes
Couleront

Sur tes joues blêmes
Mouilleront

Ta main posée
Sur ta bouche
Retenant
Tes sanglots

Les yeux remplis de mégots
Tu pourras
Grelotter
Sur ma pierre tombale
ME PARLER
Et dans ton cœur
Je te répondrai

P. F., le 09/04/2013

Jamais
Nous ne pourrons revivre
Les moments insensés du passé
Passés à nous haïr
À nous aimer
Passionnément
Fleur de pluie
Éclose
Au coin de tes lèvres
Roses

Jamais
Nous ne pourrons refaire
Sans souvenirs
Nos envies et nos peurs
Sans savourer la peur l'inconnu de l'oubli
Et assouvir enfin nos passions infernales

Ce qui a existé
Ne sera plus pareil
On ne vit qu'une fois
Nos folies du passé

P. F., le 25/04/2013

Squelette à qui l'on donne des antibios magiques
A-t-il besoin d'autre chose ma foi
Rouillé comme il est
Rasséréné d'un air petiot
Couleur de lune et d'aube prune
Gigote au fond d'une glacière

Tu ne connais pas bien l'odeur des fleurs fanées
Sous les branchages d'été
Emmêlé de bonheur et d'attente futile

Tu voles dans les airs les yeux moitié fermés
Dépliant tes bras le long des maisons closes
Gravier crissant sous nos pas maladifs
Il ne reste plus rien du sable d'autrefois
S'abîmant dans les flots perpétuels du rire
Jaillissement de nos bouches affamées
Il suffirait d'écrire sur le sable mouillé
Le nom de notre amour provisoirement écrit
Avant qu'une nouvelle vague chiffon mouillé
d'oubli
Efface d'un seul coup ce qui nous unissait

P. F., le 14/05/2013

Je les ressens au fond du cœur
Et j'ai 20 ans
Et mes rêves fous qui me rendent fou et
m'éclaboussent
Et j'ai 20 ans
Quand tu me regardes avec tes yeux à moitié flous
Et j'ai 20 ans
Et mes regrets au fond du trou
Et j'ai 20 ans
Et le feu vert qui nous permet d'ouvrir la porte
Et j'ai 20 ans
Et la magie de nos chimères on se réveille
Et j'ai 20 ans
Et le feu rouge qui nous arrête en plein milieu
De nos 20 ans
Et j'ai 20 ans
Et j'ai 20 ans

Dans la nuit noire de nos folies
Et j'ai 20 ans
Escort qui m'câline et me caresse
Et j'ai 20 ans
Dans une vie pleine de promesses
Et le nuage de mes prouesses
Comme un cri dur qui sonne faux
Et j'ai 20 ans
20 ans pour toi trois fois bravo et mime la tendresse
d'un soupir glauque
Qui m'ensorcelle
Et sonne l'heure du répit sur ma peau blême et
fatigué
Et je n'ai plus 20 ans
20 ans

20 ans d'amour
20 ans d'eau fraîche
Et j'ai 20 ans

P. F., le 24/06/2013

On ne peut pas faire revivre les morts
Dans les vallées perdues prisonniers de nos rêves
Les chaudières qui flambent dans la jungle touffue
Faire revivre les corps qui pendent aux poteaux
Agonisants tout près de nos maisons fumantes

Les moments fulgurants
Qui sont passés trop vite
Brûlures du temps perdu au quatrième degré
Sans qu'il ne reste rien quelque chose d'impossible
Pour essayer de vivre moments de temps d'oubli
Qui voguent dans le vent

On ne peut pas figer l'instant
Éclabousser les gens
De nos envies terribles
Impossible à calmer
Vous qui n'êtes plus là
Réveillez-vous et reprenez vos habitudes
Levez-vous
De vos fauteuils roulants
Que les bourgeons des arbres flambent
Et que le soleil s'épanouisse

Ne croyons plus qu'il faille
Accepter l'agonie de notre aspect présent
Faire en sorte que l'on puisse
Changer nos souvenirs et la
Décrépitude de nos corps malades

P. F., le 14/09/2013

Rougeoiement
De mon cœur
Brûlant d'un sommeil haletant dans l'ombre du soleil
Plein de larmes bouillantes
Incendie de nos âmes dans nos corps calcinés
Mes yeux fiévreux
Ne s'ouvrent plus
Je suis perdu
Dans la fournaise

De mes nuits froides aux brumes africaines
Et qu'est-ce à dire
À comprendre le froid et la chaleur de braise
L'incendie de nos nuits torrides
Près des volcans nauséabonds où se cachent l'attente et le bruit des fourneaux

Brûlures de nos cerveaux
Du vacarme du vent
On ne comprend plus rien
Quand la chaudière atteint la chaleur maximum
Qui fait briller nos yeux
Et la fièvre qui gronde à l'intérieur de nous et fait fondre nos haines

Paratonnerre de nos malheurs étincelle de nos souffrances
On n'entend plus nos voix nos souvenirs perdus
Dans l'explosion de nos yeux décharnés

P. F., le 30/09/2013

Entrelacs de feuilles emmêlées
De fouillis d'arbres noirs
D'odeur fondue d'automne
D'amas de feuilles mouillées
Ciel gris que l'on dérange qui grelotte de froid
Cathédrales de pluie en forme de brouillard
Qui s'éparpille en l'air se mélange à l'odeur
Désespérée des fleurs

Nos pas craquant l'épaisseur des feuilles
Tel un matelas d'aurore à l'aube d'aubépines
Nos souffles embrasent l'or des rayons de l'hiver
Désespéré d'orage la bruine qui envahit les sous-bois
De nos corps
Transis
De l'amertume de nos ressentiments

Monceaux de feuilles mortes
Un froid humide transperce nos habits du dimanche
Il y a le soleil qui essaye de percer comme un espoir
En vain
Et se referme soudain assombri de grisaille
Je suis comme cet homme à la croisée des chemins
Et je marche à l'aveugle où mon esprit fonctionne

Je suis l'homme qui pense et regarde le ciel
D'un voile déchiré comme des toupies qui tournent dans ma tête
Et s'envole dans l'air déchiré par le vent

On aboutit enfin de l'autr'côté d'la rive
Où nous pouvons enfin nous reposer rompus
C'est le temps qui avance danseuse infatigable
Aux tourments des fougères
C'est l'arbre de la vie qui surplombe nos vies
On s'adapte comme on peut à l'entourage magique
Rivières qui existent dans l'ombre des nuages
Grondement des chutes aux canopées multiples
J'ai vu des nuits tragiques froides comme une envolée d'oiseaux funestes
Et puis soudain tout craque comme un immense besoin qui se déchire
Tout sort comme un torrent regorgeant de remords
De dire la vérité de crier le trop-plein de nos ressentiments

Nos brûlantes larmes qui coulent sur nos joues rebondies
Pouvoir lever la tête et regarder devant et comprendre les choses
Tu m'enlèves le plaisir d'étaler mes envies
J'ai envie de t'aimer de te chérir enfin te retourner et voir ton corps se consumer

Soleils qui s'enfuient le long des barbelés
Derrière les haies se cachent les voleurs des âmes
Demain tu ne seras
Plus là pour m'endormir
Je pleure comme une fontaine par-dessus les enclos
Je vois la nuit grandir et l'espoir disparaître
Demain tu ne seras
Plus là pour me répondre
Venez avec moi car je n'ose marcher seul sur le grand tapis rouge
Écartelé entre les arbres abattus d'un peuplier qui pleure
Penché sur les sentiers obscurs des nuages
Je me faufile comme un serpent dans les plis de vos robes

Bleu intense d'images intemporelles
Bleu nuit de fermeture
Bleu d'aimable sourire
Dans l'attente d'une vie
Y a-t-il une vie dans un monde sans heure
Et sans éternité

Bleu-rouge d'amitié dissolue
Bleu d'ensemble qui voyage
Bleu de souffrance apercevant la pluie
Bleu d'eldorado en instance se faufilant dans l'ombre des nuages

Qui s'écartent par un enchantement
Bleu de retour par un miracle concours de
circonstances qui s'évapore
La main tendue vers moi
Faut-il la prendre et courir dans les prés
Berceuse d'enfant pour s'endormir
Bleu de lavande bleue écrite à l'encre bleue
Dans tes yeux lumineux et ton regard blessé
Bleu de miracle magie de l'instant j'ai peur des
tours qui ornent l'horizon
Et la fumée des cheminées
Bleu de silence où le ciel bouge

Lampes allumées dans mes yeux fous
Je n'irais pas vers l'horizon qui s'échappe
À chaque fois quand nos doigts touchent
Cette ligne fantastique
Lorsque nous rugissons l'hallali dans les bois
Nous pouvons basculer dans un néant profond

P. F.

Je te promets l'aurore
Et des jours de joie
Et dans tes nuits de vide
Je remplirais tes nuits
D'un abreuvoir noir
De trésors cachés et de gouffres endormis
Mélange de bleu torride et d'orage passé
Dans le chaos des choses
Et l'évaporement de mes envies perdues

Je te promets la nuit
Et l'envie de tes jours
Et comme une nuit sans fin
Je t'aimerai toujours
Jusqu'à la fin des temps

P. F., 28/12/2013

Le sol décoloré
Comme un soleil
Sans lune
Sans âpreté
Du sable jeté en l'air
D'un rêve prisonnier qui s'échappe de sa cage
Des tentures d'un grenier
Aux allures d'un théâtre
Où s'engouffre le vent
Qu'on balaye le matin
Endolorie de flammes
D'un cri puissant qui résonne dans les couloirs sombres
Tel un réveil absurde
On a dormi trop tard
Il faut attendre quatre heures
Pour enfin voir l'aube
Qui
S'accumule derrière la porte
Close
Comme un tas de poussière
De nos rêves envolés

À demain
Dans la brume
On se retrouvera
Parmi les feux d'été
Sur ta peau brune et mon épaule nue

P. F., le 28/12/2013

D’effluves
De méchancetés et d’odeurs étalées
Sur les murs de nos ombres et nos bras de labeur
Des lettres déformées
Écrites sur ces murs
Qui bougent où l’impression vacille
Et nos bouches mouvantes n’arrivent pas
À parler sans détour
Sous nos ongles pointus s’accrochent nos idées
Et l’ombre de nos vies avance en même temps
Se détache de nous
Part en lambeaux
S’effrite
Se délitent en formant
Une image éphémère
S’en pouvoir retenir la forme
Vacillante de leur ondulation
La clarté inconstante
Qui se déchire et s’allonge lentement
Dans ces flammes maudites
Qui avalent nos corps et nos histoires passées
Vers la fin de nos vies
Se perdent à tout jamais

Dans l'infini obscur
De ce qui n'a jamais
Réellement existé
Qui sommes-nous pour ne pas être et quand même exister

P. F., le 09/01/2014

Mes idées s'entremêlent
– Cacophonie dans l'habitacle
Le fouet claque –
S'entrechoquent
Dans ma bouche
Et mes dents qui grelottent
– Nos pieds dérapent
Comme des bouches qui
nous happent –

Comme des pans de chemise qui flottent
Au vent mauvais
Altitude de nos intentions
Mal informées
Et de nos envies qui se bloquent

– À l'intérieur

tout se
consume

La fumée noire

nous
envahit –

Que reste-t-il de nos douleurs
Quand le soleil nous a brûlé les yeux
D'un amour éternel
Et qu'on éclate
D'une joie impure

– Tout redevient

poussière

On s'étale

par terre –

P. F., 21/02/2014

De la rage dans les yeux malfaisants
Des
passants
Comme à l'accoutumée
De
l'énergie
perdue

De la rage dans les yeux détestables
Des
croyants
Qui n'ont pas le temps
De vivre

Sur les bancs des jardins
Quand
on écoute l'aube
Et que la nuit pourchasse les étoiles
Quand
arrive le jour

Et que l'aurore éclate
Des
robinets qui fuient
Le long des parapets

Et qui s'échappent blottis
Dans
des recoins perdus

Que reste-t-il de ce qu'on a planté
Au-delà de nos vies
Dans un ciel chaotique
Que reste-t-il des brûlures intérieures qui resteront à vie
Sans pouvoir s'arrêter de nous chauffer le cœur
Nous soufflerons dessus au vent venu du sud
Aux tempêtes aquatiques

Et tes regards détruits n'en finiront jamais
D'atteindre l'horizon
Et les vagues sans cesse nous couvriront de honte

P. F., le 07/04/2014

Qui on est
Sans laisser de trace
Sans croire à nos cris
De désespoir

Qui on est si on ne laisse aucun souvenir
De notre descendance
De nos histoires et nos pensées intimes
On est sur terre pour empêcher le monde de tourner
Ou pour crier notre haine

Des bulles transparentes s'entrechoquent entre elles
Et dans ces moments-là
Dans la tourmente crépusculaire
Qui on est pour dire
Perpétuellement les prières des morts
L'écrire sur les nuages qui se déforment sans qu'on s'en aperçoive

Rien n'est immuable
Je vieillis chaque seconde
Inexorablement
Le soleil vacille et ces flammes
Brûle lentement nos corps avides
Et tout se perpétue aux horizons lointains

P. F., 25/04/2014

Qui je suis

On réveille le monstre
Qui dort sur les marches des cathédrales blanches
Pris de spasmes d'enfer
On pleure

Qui je suis lorsque j'arrête de respirer
Lorsqu'au moment où éclate le néant
L'éclair salit le ciel impur

Qui je suis quand je pleure
Sans réfléchir et ressentir de la joie et de la fierté
Quand je désire obtenir quelque chose et croire au divin et respecter la solitude

Qui je suis chaque jour
S'il fait nuit
Et le jour s'il fait beau
D'arbres enracinés pour l'éternité

Qui je suis quand je cours à travers les ribambelles
de fleurs surannées
À moitié rouges et le silence qui nous empêche de lire
Et la clameur qui nous entoure et nous acclame
Nos mélanges qui nous agacent
Lorsque les animaux s'endorment et font du bruit
Carnivores qui grognent dans les forêts anciennes
Au son millénaire des clairons d'autrefois

P. F., 18/05/2014

Le temps tourne à l'orage
S'éclaircit pour Ninette
Qui peint dans la ville sainte
Le rêve éternel

Le calme apparent de ma tête malade
Éclate dans mon cœur
La tourmente des visiteurs
Et quand souffle le vent
Émiettant les dahlias
Dans la durée des souvenirs
Qui se retournent sur son passé
Tel un coquelicot écrasé

Les fenêtres cassées
S'envolent dans les airs
Petits bonshommes de couleurs différentes
Grandissant dans nos rêves
Et des portes en couleurs
Qui enfuissent mélangeant les couleurs
Dans les courants d'air
Par une porte entrouverte

P. F., le 20/05/2014

Et leurs yeux sans lumières
Ont quelque chose de mystérieux
Mystère d'une âme pure
Aux regards profonds
D'un abîme sans fond

S'étale sur un lac de la tranquillité
Les déchirures sur leurs peaux de velours
Comme pour donner naissance
À la vie
À un monde nouveau

Désir brusque qui me prend
Quand la nuit s'abat seule
D'un seul coup
Dans les maisons sombres
Et des couloirs
En enfilades pour atteindre le but
Et avoir le sentiment inconscient
D'avoir capté son regard bleu
Sur sa cuisse dorée
Elle respire l'envie
Que l'on ressent dans l'ombre de son corps assoupi

P. F., 04/06/2014

Et je monterai
Sur la plus haute cime
J'escaladerai
La nuit
Me rapprocher
De toi
Être plus près de toi
Te parler
Comme si tu étais là
Ton âme frissonnante
M'enveloppera de calme
Je parlerai au vide empli de ton odeur et de ta vie perdue

P. F., 20/06/2014

Imprimé en Allemagne
Achevé d'imprimer en novembre 2021
Dépôt légal : novembre 2021

Pour

Le Lys Bleu Éditions
40, rue du Louvre
75001 Paris

www.ingramcontent.com/pod-product-compliance
Lightning Source LLC
La Vergne TN
LVHW052059160826
845678LV00015B/3296

* 9 7 9 1 0 3 7 7 4 6 7 4 0 *